Cuauhtémoc Blanco

José María Obregón

English translation: Megan Benson

PowerKiDS press™

Editorial Buenas Letras™
New York

Published in 2009 by The Rosen Publishing Group, Inc.
29 East 21st Street, New York, NY 10010

First Edition

Editor: Nicole Pristash
Book Design: Nelson Sa
Layout Design: Julio Gil

Photo Credits: Cover (left), pp. 5, 9 (main), 11, 19, 21 © AFP/Getty Images; cover (right), pp. 7, 9 (background), 13, 15, 17 © Getty Images.

Library of Congress Cataloging-in-Publication Data

Obregón, José María, 1963–
   Cuauhtémoc Blanco / José María Obregón. — 1st ed.
      p. cm. — (World soccer stars = Estrellas del fútbol mundial)
   English and Spanish.
   Includes bibliographical references and index.
   ISBN 978-1-4358-2731-8 (library binding : alk. paper)
   1. Blanco, Cuauhtémoc, 1973– —Juvenile literature. 2. Soccer players—Mexico—Biography—Juvenile literature. I. Title.
   GV942.7.B54O27 2009
   796.334092—dc22
   [B]
                                                      2008030206

Manufactured in the United States of America

Contents

Contenido

Cuauhtémoc Blanco is a Mexican soccer player. Many people know him as Temo. He was born on January 17, 1973, in Mexico City.

Cuauhtémoc Blanco es un jugador mexicano de fútbol. Temo, como mucha gente lo conoce, nació el 17 de enero de 1973, en la ciudad de México.

Blanco started playing with Club América when he was 19 years old. He played over 11 years with the team.

Blanco comenzó a jugar a los 19 años de edad en el Club América. Blanco jugó más de once años con el equipo.

Blanco is a very smart and unpredictable player. This means that it is very hard to guess what he will do with the ball. Blanco has scored more than 200 **goals**!

Blanco es un jugador muy listo e impredecible. Esto quiere decir que es muy difícil adivinar lo que va a hacer con la pelota. ¡Blanco ha **anotado** más de 200 goles!

Blanco was named the best Mexican player in 1998, 2005, 2006, and 2007. He also won the Mexican **championship** with América in 2005.

Blanco ha ganado el premio al mejor jugador mexicano en 1998, 2005, 2006 y 2007. Además, Blanco ganó con América el **campeonato** mexicano en 2005.

Blanco has played in two **World Cups** with Mexico. The first was France 1998. The second was Korea-Japan 2002. Blanco scored goals in both World Cups.

Blanco ha jugado dos **Copas del Mundo** con México, en Francia 1998 y en Corea–Japón 2002. En las dos, Temo anotó goles.

In 1999, the Mexican team beat Brazil in the **Confederations Cup**. Blanco scored nine goals in the cup! This is a record!

En 1999, el equipo mexicano le ganó a Brasil la **Copa Confederaciones**. ¡Blanco anotó 9 goles en la copa! ¡Este es un récord!

In 2007, Blanco became a member of the Chicago Fire, in Major League Soccer, or MLS. MLS is the U.S. soccer league. In his first year there, Blanco scored the best goal of the season.

En 2007, Blanco se unió al Chicago Fire de la MLS. La MLS es la liga de fútbol de los Estados Unidos. En su primer año, Blanco anotó el mejor gol de la temporada.

After Blanco scores a goal, he often **imitates** an Aztec god. The Aztecs were Native Americans who lived in what is now Mexico. This is Blanco's way of paying respect to Mexico's past.

Blanco celebra sus goles **imitando** a un dios azteca. Los aztecas fueron un pueblo indígena que vivió en lo que hoy es México. De esta manera, Blanco muestra respeto por el pasado de los mexicanos.

Blanco works with the Chicago Fire in the FireWorks for Kids Foundation. The foundation is a group that helps kids in Chicago. Blanco has always enjoyed meeting his fans, too.

Blanco colabora con el Chicago Fire en la FireWorks For Kids Foundation. Esta organización ayuda a los niños de Chicago. Además, a Blanco le gusta pasar tiempo con sus admiradores.

Glossary / Glosario

championship (**cham**-pee-un-ship) A game held to decide the best, or the winner.

Confederations Cup (kun-feh-duh-**ray**-shunz **kup**) A group of games in which teams from around the world play each other.

goals (**gohlz**) When someone puts the ball in the net to score points.

imitates (**ih**-muh-tayts) Makes something like something else.

World Cups (**wur**-uld **kups**) Groups of games that take place every four years with teams from around the world.

---

anotar Conseguir uno o varios goles.

campeonato (el) Competición en la que participan varios equipos.

Copa Confederaciones (la) Competición de fútbol en la que juegan los equipos campeones de cada continente.

Copa del Mundo (la) Competición de fútbol, cada 4 años, en la que juegan los mejores equipos del mundo.

imitar Hacer algo a semejanza de algo o alguien.

Resources / Recursos

Books in English/Libros en inglés

Shea, Therese. *Soccer Stars*. Danbury, CT:
  Children's Press, 2007.

Bilingual Books/Libros bilingües

Contró, Arturo. *Rafael Márquez*. New York: Rosen
  Publishing/Buenas Letras, 2008.

Web Sites

Due to the changing nature of Internet links,
Rosen Publishing has developed an online list of
Web sites related to the subject of this book. This
site is updated regularly. Please use this link
to access the list:

www.buenasletraslinks.com/ss/blanco/

Index

Índice